AF349915

VENTE AUX ENCHÈRES PUBLIQUES

Du Jeudi 4 Mai 1911

HOTEL DROUOT, SALLE N° 3

A DEUX HEURES

COLLECTION D'ANCIENS ÉTAINS

PLATS, PICHETS, BOITES, FLAMBEAUX, ETC.

ET QUELQUES OBJETS D'ART

CROIX RENAISSANCE

EN CRISTAL DE ROCHE ET ARGENT CISELÉ

CÉRAMIQUE, BRONZES ET DIVERS

Appartenant à M. A...

EXPOSITION PUBLIQUE

LE MERCREDI 3 MAI 1911

De 1 h. 1/2 à 5 h. 1/2

COMMISSAIRE-PRISEUR

Mᵉ ANDRÉ COUTURIER

Successeur de M. LÉON TUAL

56, rue de la Victoire

EXPERT

M. GEORGES GUILLAUME

13, rue d'Aumale

PARIS

CONDITIONS DE LA VENTE

Elle sera faite au comptant.

Les adjudicataires paieront *dix pour cent* en sus des enchères.

L'exposition mettant le public à même de se rendre compte de l'état et de la nature des objets, aucune réclamation ne sera admise une fois l'adjudication prononcée.

Paris. — Imp. de l'Art. Cн. Berger. 41. rue de la Victoire.

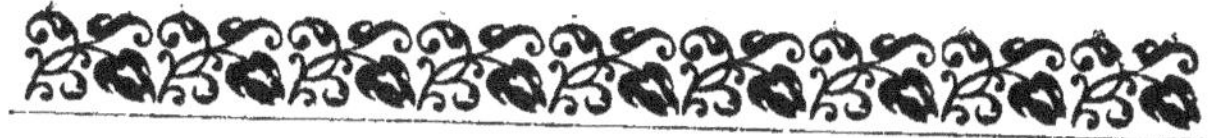

DÉSIGNATION

ANCIENS ÉTAINS

1 — Buste d'homme coiffé d'un casque; il porte l'indication : *Freund, rue des Fontaines, n° 16, au Marais, à Paris.*

2 — Onze boutons à motifs rayonnants, six autres à rangs de petites perles et trois dépareillés.

3 — Flacon à friction, gravé d'une couronne et de palmettes.

4 — Petit nécessaire à écrire, renfermant encrier, casier à poudre et tiroir. xviiie siècle.

5 — Petite sonnette munie d'un anneau.

6 — Petite jardinière ovoïde, doublée de verre bleu, posant sur trois pieds-griffes et ajourée de sphinx et lyres; couvercle à feuilles d'eau. Époque Empire.

7 — Timbale à vin, ornée au fond d'une fleur
de lys et munie d'une anse-coquille.

8 — Petit coffre à godrons, posant sur trois
pieds-griffes. Époque Louis XV.

9 — Boîte à compartiments, s'ouvrant à coulisse,
le couvercle orné d'un vase. Fin de l'époque
Louis XV.

10 — Boîte rectangulaire à deux compartiments
superposés pouvant former petites jardi-
nières. xviiie siècle.

11 — Petit moule à pâtisserie en forme de chien
assis.

12 — Tabatière ornée au couvercle d'un échassier
et d'un serpent. Époque Louis XV.

13 à 15 — Trois moutardiers variés, à cannelures
et motifs contournés, munis d'une anse.
Epoque Louis XV.

16 à 19 — Quatre sucriers, à saupoudrer, de
formes variées; bords circulaires et à pans.
xviiie siècle.

20 — Salière basse à godrons, sur pied circulaire; autre du même genre, à moulures, sur
pied à pans. Époque Louis XV.

21 — Paire de salières basses à moulures contournées. Époque Louis XV.

22 — Paire de salières ajourées à pilastres et guirlandes. Époque Louis XVI.

23 — Boîte à sel, surmontée d'une plaque trouée à rocaille. Époque Louis XV.

24 — Deux coquetiers à pieds octogonaux.

25 — Deux saucières à bords contournés, munies d'anses. Époque Louis XV.

26 — Cuiller à sauce, à manche en bois.

27 — Réchaud en forme de couronne ajourée.

28 — Réchaud flamand à bords ajourés.

29 — Petit récipient à huiles saintes. Époque Louis XVI.

3o — Encensoir à base cannelée; couvercle ajouré de palmes.

31 — Ciboire, posant sur base circulaire par une tige à boules.

32 — Calice démontable; base à quadrillages et rinceaux. Époque Régence.

33 — Petit bénitier surmonté d'une plaquette à rocailles et corne fleurie. Epoque Louis XV.

34 — Petit bénitier à couvercle, surmonté d'un groupe représentant Saint Roch et l'ange.

35 — Lampe juive d'applique, gravée de rameaux et chutes de fleurs, et munie de nombreux récipients. xviiie siècle.

36 — Paire de flambeaux, à cannelures droites et chapiteaux corinthiens ; bases carrées à moulures. Ils portent la date *1775*.

37 — Paire de flambeaux à cannelures obliques, sur larges bases circulaires. Époque Louis XV.

38 — Paire de flambeaux à bases carrées ; fût à cannelures orné de guirlandes. Époque Directoire.

39 — Bougeoir, forme feuille, avec éteignoir.

40 — Petit bougeoir ; base creuse à godrons.

41 — Cuve à anses. Travail flamand du xviiie siècle.

42 — Pot à bouillie et son écuelle, manche en bois.

43 — Pot de corporation de forme hexagonale,
gravé de rameaux fleuris.

44 — Autre pot à six pans, gravé de guerriers et
ornements héraldiques.

45 — Pot à eau à pied mouluré ; anse à perles.

46 — Très petite bouillotte à profil mouluré.

47 — Petit samovar posant sur trois pieds cam-
brés. Époque Louis XV.

48 — Gargoulette portant le monogramme A.
B. F. et munie d'une anse en fer fogé.

49 — Chocolatière, bec tordu à serpent, bouton
formé d'une rose ; marque à l'aigle.

50 — Petit hanap couvert, à cannelures obliques.

51 — Hanap, de forme casque, à base circulaire ;
marque à la rose. Autre hanap posant sur pied
à pans ; marque à l'ange.

52 — Grand hanap à cannelures, couvercle à
palme. Ancien travail allemand.

53 — Théière unie, de forme ventrue, à bec-serpent, portant la marque à la rose avec l'inscription : *Swaeger te Y peren.* Ancien travail flamand.

54 — Théière basse à cannelures contournées, portant au fond les marques à l'oiseau et à la double clef.

55 — Petite théière lobée.

56 — Paire de petits pichets gravés d'écussons ; couvercles à coquille.

57 — Petit pichet uni, à pied circulaire évasé ; couvercle à palme.

58 — Pichet uni à moulures.

59 — Petit pichet cerclé de filets, couvercle à moulures.

60 — Petite verseuse à cannelures obliques. Autre ornée de moulures. xviiie siècle.

61 — Verseuse gravée de rinceaux fleuris et d'une pastorale; marque à l'ange. Époque Louis XV.

62 — Verseuse ceinturée de moulures; marque à la rose.

63 — Verseuse à cannelures obliques; anse en bois sculpté à rocailles. Autre de même modèle, plus petite. Époque Louis XV.

64 — Autre petite verseuse à canaux. Époque Louis XV.

65 — Verseuse à cannelures droites, bec gainé. Époque Louis XV.

66 — Verseuse à long bec, bouton à figure. Époque Louis XV.

67 — Paire de grandes verseuses à becs-rocailles et couvercles à tritons. Époque Louis XV.

68 — Grande chope-verseuse, ornée de personnages et de lions héraldiques et gravée d'une inscription allemande.

69 — Chope couverte, gravée de fleurs et de rinceaux et portant la date *1747*; bouton à pomme de pin.

70 — Chope couverte, gravée d'une inscription allemande, avec la date *1720*.

71 — Légumier plat; anses à motif rayonnant. Époque Louis XV.

72 — Petit légumier à cannelures droites et muni d'anses. Autre de même forme à cannelures obliques (une anse manque). Époque Louis XV.

73 — Soupière à anses; couvercle à moulures et pomme de pin. Époque Louis XV.

74 — Grande soupière à anses, piédouche à moulures, couvercle fileté à pomme de pin.

75 — Assiette ronde, bords à filets; marque à l'ange : *1791*. Époque Louis XV.

76 — Autre assiette de même modèle. Travail anglais.

77 — Deux autres de même modèle; marque de *Georg Neff*. Travail allemand.

78 — Autre de même modèle; marque à l'ange. Travail anglais.

79 — Autre semblable; marque à la clef.

80 à 83 — Quatre assiettes, bords mouvementés à filets portant des monogrammes variés. Époque Louis XV. (Seront divisées.)

84 à 91 — Huit assiettes à bords contournés. Époque Louis XV. (Seront divisées.)

92 — Plat long, bords à filets, gravé d'une couronne et du monogramme P. A. C.

93 — Petit plat creux lobé portant la marque de *Schmidt.* Époque Louis XV.

94 — Plat long, à bords contournés, gravé de poissons au fond. Époque Louis XV.

95 — Deux plats ronds à bords moulurés, gravés d'un monogramme I. H. B. Époque Louis XV.

96 — Plat à barbe ; bords contournés à moulures. Autre plat creux et ovale pouvant servir au même usage. Époque Louis XV.

97 — Grand plat rond, à bords contournés et filetés, marqué de *Borst* et de divers monogrammes. Époque Louis XV.

98 — Petit plat rond, marli a fleurettes et réserves de feuillages, marqué de *Georg Neff.* XVIIIe siècle.

99 — Grand plat rond, bords contournés à filets, marqué de *Bergmann*. Époque Louis XV.

100 — Deux plats circulaires, gravés au centre d'un motif à palmes et oiseaux et au marli de rameaux de feuillage; marqués du monogramme P. D xviii⁰ siècle.

101 — Petit plat octogonal; marque au cheval. Travail anglais, commencement du xix⁰ siècle.

102 — Petit plat circulaire, marli à palmes et rinceaux.

103 — Plat rond gravé au centre d'un sujet de la comédie italienne; marque à l'ange. Époque Louis XV.

104 — Plat rond à bords moulurés et contournés. Epoque Louis XV.

105 — Grand plat rond gravé, au centre, d'une corbeille fleurie avec médaillon rayonnant et au marli de rinceaux de feuillages.

106 — Grand plat rond à bords godronnés, marqué à la rose et daté *1768*.

107 — Grand plat rond gravé, au centre, de deux
cavaliers dans un paysage et, au marli, de cons-
tructions, personnages, oiseaux et motifs de
décoration. Marques à la rose et au château
avec monogramme P. H. Époque Louis XIV.

108 — Plat creux gravé, au centre, d'un enfant
buvant dans un bol et daté *1680*.

109 — Grand plat rond, gravé, au centre d'un
oiseau perché et au marli de rameaux
fleuris ; marqué à la fleurs de lys et daté *1760*.

110 — Plat creux à double rangs circulaires de
cannelures obliques et de moulures ; marque
à l'ange.

111 — Plat de sacrifice juif, gravé de personnages et d'incriptions hébraïques.

112 — Autre plat du même genre, à motifs
rayonnants et animaux, portant la date :
1759.

113 — Plat marqué d'un monogramme hébraï-
que. Époque Louis XV.

114 — Plat d'extrême-onction, muni d'un petit récipient à couvercle surmonté de la figure du Christ. XVIe siècle.

115 — Plateau rond, bords godronnés, marqué de *Anszhel* et daté : *1774*.

116 — Plateau gravé au fond de petits cercles, bords contournés à moulures, lambrequins et rubans. Époque Régence.

CROIX
EN CRISTAL DE ROCHE
ET ARGENT

CÉRAMIQUE, BRONZES,
ET DIVERS

117 — Jardinière en ancienne porcelaine du Japon, à paysages.

118 — Quatre compotiers creux en ancienne porcelaine du Japon polychrome, avec paysage au fond et fleurs au marli.

119 — Cinq assiettes en ancienne porcelaine du Japon polychrome, à fleurs et quadrillages.

120 — Onze autres, même porcelaine, à arbustes et bouquets.

121 — Quatre petits plats octogonaux en ancienne porcelaine de Chine, ornée d'émaux de couleurs, à décor de balustrades, arbres et fleurs ; marli à volatiles parmi des herbes.

122 — Six tasses en porcelaine de Chine, à décors variés.

123 — Cinq assiettes en ancienne faïence de Delft polychrome, à vases, fleurs et motifs variés.

124 — Pot à eau et sa cuvette en ancienne faïence du Midi, à fleurs.

125 — Gourde à anses en ancien grès allemand.

126 — Petit pichet en ancien grès de Freschen, à fleurs et branchages.

127 — Vingt-deux grands verres à pieds et onze plus petits en ancien verre de Venise, à lisérés rouge, bleu et vert.

128-129 — Deux mortiers en ancien bronze. Travail italien.

130 — Jardinière à anses en ancien bronze ciselé et gravé à arabesques et têtes d'animaux. Ancien travail indien.

131 — Deux bas-reliefs circulaires en plomb présentant les bustes en profil de Louis XVI et de Marie-Antoinette, appliqués sur fond

de velours rouge, dans un cadre en chêne
mouluré. Les médaillons portent la signa-
ture de *Du Vivier*. Fin du xviiie siècle.

132 — Ancien médaillon en plomb représentant
Louis XIV vu de profil, en cote de mailles et
coiffé du casque. Signé de *Varnier*.

133 — Autre profil en plomb de Louis XIV, les
cheveux couronnés de laurier. Signé *Molart*.

134 — Jeu de tric-trac en bois incrusté de nacre
et de cuivre, renfermant des jetons en ivoire
et ébène.

135 — Ancien petit coffret en os ajouré, orné
d'un mascaron en cuivre.

136 — Collier, pendants d'oreilles et croix com-
posés d'anciens sequins de Venise, montés
sur or.

137 — Croix en cristal de roche à monture d'argent ciselé ; pied triangulaire orné de masca-
rons dans des ntrelacs et de trois griffons.
Epoque Renaissance (écrin en cuir gaufré à
dorures).

138 — Dalmatique en brocatelle, à décor crème sur fond rouge. Travail espagnol du XVIIᵉ siècle.

139 — Objets omis.

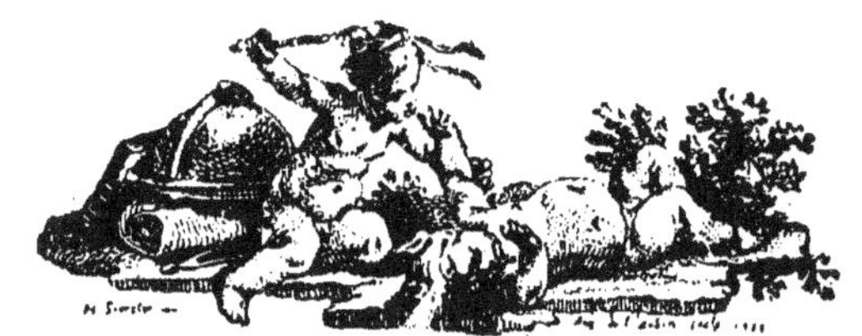

www.ingramcontent.com/pod-product-compliance
Lightning Source LLC
LaVergne TN
LVHW011022180726
843502LV00007B/2685